El Salvador

Editorial Everest le agradece la confianza depositada en nosotros al adquirir este libro, elaborado por un amplio y completo equipo de publicaciones formado por fotógrafos, ilustradores y autores especializados en turismo, junto a nuestro moderno departamento de cartografía.

Everest le garantiza la total actualización de los datos contenidos en la presente obra hasta el momento de su publicación, y le invita a comunicarnos toda información que ayude a la mejora de nuestras guías, porque nuestro objetivo es ofrecerle siempre un TURISMO CON CALIDAD.

Puede enviarnos sus comentarios a:
Editorial Everest. Dpto. de Turismo
Apartado 339 – 24080 León (España)
e-mail: turismo@everest.es

Editorial Everest would like to thank you for purchasing this book. It has been created by an extensive and complete publishing team made up of photographers, illustrators and authors specialized in the field of tourism, together with our modern cartography department. Everest guarantees that the contents of this work were completely up to date at the time of going to press, and we would like to invite you to send us any information that helps us to improve our publications, so that we may always offer QUALITY TOURISM.

*Please send your comments to:
Editorial Everest. Dpto. de Turismo
Apartado 339 – 24080 León (Spain)
Or e-mail them to us at turismo@everest.es*

Dirección editorial / Editorial management: Raquel López Varela

Coordinación editorial / Editorial coordination: Eva María Fernández, Esteban González

Texto / Text: Francisco Sánchez Ruiz

Fotografías / Photographs: Francisco Sánchez Ruiz

Diagramación / Diagrams: Mercedes Fernández

Diseño de cubierta / Cover design: Alfredo Anievas

Tratamiento digital de imagen / Digital image processing: David Aller, Ángel Rodríguez

Cartografía / Cartography: © EVEREST

Traducción / Translated by: EURO:TEXT, S. L.

Agradecimientos / Acknowledgements: CORSATUR (Annalya de Escalón, Carolina Nixon), REVUE (Lena Johannessen), José Federico Trillo, Perkín Lenca

© EDITORIAL EVEREST, S. A.
Carretera León-La Coruña, km 5 – LEÓN
ISBN: 84-241-0414-5
Depósito legal / Legal deposit: LE. 93-2003
Printed in Spain – Impreso en España

EDITORIAL EVERGRÁFICAS, S. L.
Carretera León-La Coruña, km 5
LEÓN (España / Spain)

Vista aérea de El Salvador.   *El Salvador seen from the air.*

A MODO DE INTRODUCCIÓN

La República de El Salvador se extiende en el noroeste del istmo centroamericano. Con sus poco más de 20.000 km² de superficie, constituye el estado más pequeño de Centroamérica, por lo que es conocido como «el pulgarcito de América». A pesar de encontrarse en la franja tropical cálida del planeta, y en una de las zonas sísmicas y volcánicas más sensibles, el país está densamente poblado, con algo más de 6 millones de habitantes.

La bandera azul, blanca y azul (colores comunes a los países centroamericanos de lengua hispana) incorpora en su escudo cinco volcanes entre océanos, así como un ramo con catorce grupos de hojas, uno por cada departamento de las tres regiones geográficas del país: Occidente, Centro y Oriente.

• •

AS AN INTRODUCTION

The Republic of El Salvador sits on the northwest side of the Central American isthmus. With its area of little more than 20,000 km², it is the smallest state in Central America, which is why it is known as "the Tom Thumb of America." Although it lies in the warm tropical belt and one of the shakiest seismic and volcanic areas on the planet, the country is densely populated, with something over six million inhabitants.

The blue, white and blue flag (the colors all the Spanish-speaking Central American countries share) features on its shield five volcanoes set between oceans and a branch bearing fourteen clumps of leaves, one for each department in the country's three geographical regions, Occidente (the West), Centro (the Middle) and Oriente (the East).

El paisaje tropical del que se puede disfrutar en El Salvador es fruto de unas temperaturas bastante cálidas (entre 18 y 34 °C) y de la existencia de una estación seca y otra lluviosa (entre mayo y octubre). El territorio es de carácter volcánico, configurado esencialmente por una meseta de altitud superior a los 600 m, situada en lo que se conoce como el cinturón de fuego del Pacífico, por lo que emergen en ella más de 60 volcanes, incluidos algunos de los más espectaculares de América: el de Izalco (conocido como «el faro del Pacífico» porque sus llamas se avistaban desde altamar), el de San Miguel (o Chaparrastique), de 2.153 m, y el de Santa Ana (Ilamatepec), de 2.365 m. Se trata de volcanes activos en reposo, que de momento sólo emiten pequeñas columnas de humo. A ello se suman los normales temblores de tierra que hacen de esta pequeña «república jardín» un territorio vivo en continuo cambio.

*Página anterior:
arriba, cascada en las
cercanías del litoral
de Sonsonate; abajo,
afluente del Lempa.*

*Facing page:
Top, waterfall near
the Sonsonate coast;
bottom, one of the
Lempa River's
tributaries.*

*Vista del volcán
de San Miguel.*

*San Miguel seen
through the trees.*

El Salvador's tropical landscape is the product of some fairly warm temperatures (18-34 °C) plus the fact that there is a dry season and a wet season (from May to October). The land is volcanic, basically a plain sitting at an altitude of over 600 meters on what is known as the Pacific Rim of Fire, so it is pocked with over sixty volcanoes, including some of the most spectacular ones in America, such as Izalco, known as "the Lighthouse of the Pacific" because its flames could be seen from the high seas; San Miguel or Chaparrastique, which stands 2,153 meters tall; and Santa Ana or Ilamatepec, 2,365 meters tall. They are all dormant but active volcanoes that only issue faint columns of smoke at present. They combine with the regular earth tremors to make this tiny "garden republic" a living land in constant change.

*Plátanos, mangos y café
son algunos de los cultivos
más importantes del país.*

*Bananas, mangos and coffee
are some of the country's
leading crops.*

El interior del país está cubierto por reductos de bosques nebulosos casi impenetrables, como el Parque del Imposible, el Cerro de Montecristo o el Cerro Pital (el pico más elevado del país, con más de 2.400 m), así como por campos de cultivos de café, algodón, caña de azúcar, maíz, maguey, etc. Lo surcan numerosos ríos de carácter torrencial, siendo la principal arteria fluvial el espectacular río Lempa, cuyas aguas son embalsadas en pantanos que constituyen auténticos mares interiores, como es el caso del embalse Cerrón Negro o Suchitlán. Estos ríos forman en sus desembocaduras grandes lenguas de arena, conocidas como esteros: barras o interminables penínsulas de fina arena cubiertas de cocoteros y manglares y bañadas por el Pacífico.
El interior del país también se encuentra salpicado por numerosos lagos: el lago Güija, los viejos cráteres extinguidos e inundados de Ilopango y el Coatepeque, y las lagunas de Metapán, El Jocotal y Olomega, importantes reservas de flora y fauna.
Las costas del Pacífico son un indudable atractivo turístico en este pequeño país: combinan zonas rocosas y de pequeños acantilados, sobre todo al suroeste, con extensas playas de arena o esteros, como el de Jaltepeque y Jiquilisco, en el centro y sureste del país. El golfo de Fonseca, que comparte con Nicaragua y Honduras, cierra sus bellas playas y calas con un

rosario de desconocidas y exuberantes islas, como las de Conchagüita y Meanguera.
La castigada población salvadoreña se ha visto azotada en las últimas décadas por innumerables males: desde la guerra civil, finalizada hace más de una década, hasta diversos terremotos y huracanes. El aspecto más visible de la sociedad salvadoreña es la exagerada desigualdad existente, que contrasta con un sorprendente carácter hospitalario y amigable basado en una humildad y laboriosidad que los diferencia de sus pueblos vecinos. El Salvador ha sido históricamente una zona de alta densidad de población, esencialmente mestiza, existiendo reductos indígenas sobre todo en el noreste y oeste del país, que conservan dialectos indígenas como el «náhuatl».

Panorámica de la bahía de Jiquilisco.

The Bay of Jiquilisco.

Inland the country is covered by redoubts of nigh-impenetrable cloud forest like the Parque del Imposible, the Cerro de Montecristo and the Cerro Pital (named for the country's highest peak, over 2,400 meters tall), and farmland where crops like coffee, cotton, sugarcane, corn and maguey are raised. El Salvador is crisscrossed by a welter of torrential rivers. The main riverine artery is the spectacular Lempa River, whose waters are dammed into reservoirs that form actual inland seas, such as the Cerrón Negro or Suchitlán. Where they reach the sea, these rivers form great tongues of sand known as esteros, interminable peninsulas or bars of fine sand covered with coconut palms and mangrove swamps and bathed by the Pacific.

Inland El Salvador is also speckled with numerous lakes: Lake Güija, the old flooded craters of long-dead Ilopango and Coatepeque, and Metapán, El Jocotal and Olomega, which are important animal and plant reserves.

The Pacific coast plays a big part in this tiny country's touristic charm; it juxtaposes rocky areas and short cliffs, especially in the southwest, with long sandy beaches and esteros, like Jaltepeque and Jiquilisco in the center and southeast of the country. The beautiful beaches and coves of the Gulf of Fonseca, which El Salvador shares with Nicaragua and Honduras, are strung with a rosary of exuberant, unknown islands like Conchagüita and Meanguera.

The long-suffering Salvadoran population has been struck endless blows in recent decades, from the civil war that ended just a few short years ago to various rounds of earthquakes and hurricanes. The most visible feature of the Salvadoran social structure is its sharp inequality, which contrasts with the Salvadoran people's surprisingly friendly, hospitable nature, based on a humble, hardworking outlook that sets them apart from their neighbors. Historically speaking, El Salvador has always been an area of high-density, essentially mestizo population, but there are indigenous pockets, especially in the northeast and west of the country, that preserve native dialects like Nahuatl.

La vieja cultura salvadoreña se remonta a 15.000 años a. C. Los mayas, y posteriormente otros pueblos como pokomanes, lencas y pipiles, dejaron su impronta cultural, que muchas veces ha quedado oculta bajo las cenizas volcánicas: el Tazumal, San Andrés y la Joya de Cerén son los más importantes yacimientos descubiertos por ahora. Los guerreros pipiles fueron el pueblo con el que se encontraron los colonizadores españoles, expedicionarios enviados desde 1524 por Hernán Cortés. Difundirían el catolicismo y fundarían ciudades coloniales, una de las cuales fue Suchitoto, cercana a la antigua capital. Bellas y sencillas iglesias coloniales sobreviven a los vaivenes de la tierra: Metapán, Chalchuapa, Panchimalco o Ilobasco. En 1821 El Salvador se independizó dentro de una federación centroamericana, hasta el desmembramiento de ésta en 1838. Desde esta fecha, El Salvador entra en sucesivas luchas internas por el poder (más de 110 mandatarios desde la independencia hasta la actualidad) e incluso diversas guerras con sus vecinos debidas a disputas territoriales, destacando la guerra de los cuatro días o «guerra del fútbol» con Honduras (guerra iniciada durante un partido de Copa del Mundial del 1969). En 1979 estalla una cruel guerra civil que enfrentaría al Frente de Liberación Nacional Farabundo Martí (atrincherado en el norte) y al gobierno, agrupado en el partido ARENA. Monseñor Romero, una de las víctimas de la guerra, se convirtió en mártir y símbolo defensor de los derechos humanos. En 1992 se firmaron los acuerdos de paz entre la guerrilla y el gobierno, acuerdos muy fructíferos y que dan como resultado un país que conserva las desigualdades pero en paz y donde ya florece el turismo, amén de ese carácter tan afable y pacífico de sus gentes. Existe una marcada diferencia entre la población urbana de las principales ciudades (San Salvador, Santa Ana y San Miguel), con una fuerte influencia norteamericana (fuerte inmigración y ayuda económica de USA), y el campo o las ciudades medias, donde se puede aprehender el carácter agrícola local.

Objetos encontrados en diversos yacimientos.

Objects found at various archeological sites.

Ancient Salvadoran culture dates back to 15,000 BC. The Maya and later other peoples like the Pocomans, the Lencas and the Pipils left their cultural mark, often blanketed under volcanic ash; El Tazumal, San Andrés and La Joya del Cerén are the most important sites discovered so far. The Pipil warriors were the people that faced the Spanish colonists, expeditionary forces Hernan Cortes began sending in 1524. The newcomers spread Catholicism and founded colonial cities, one of which was Suchitoto, near the old capital. Beautiful, simple colonial churches can withstand seismic upheavals and have done so at Metapán, Chalchuapa, Panchimalco and Ilobasco. In 1821 El Salvador became independent as part of a Central American federation, until the federation was dismembered in 1838. From that date on, El Salvador rode from one internal power struggle to another (over 110 leaders from independence to the present day) and even various wars with its neighbors due to territorial disputes,

Detalle de la carretera Panamericana.   Trundling down the Pan-American Highway.

one of the oddest of which was the Four-Day War or Soccer War with Honduras, which started during a game in the 1969 World Cup. In 1979 a cruel civil war began that pitted the Farabundo Martí National Liberation Front, entrenched in the north, against the government, which rallied around the ARENA party. Monsignor Romero, one of the victims of the war, was made a martyr and a symbol for human rights. In 1992 peace accords were signed between the guerrilla forces and the government, very fruitful accords whose result is a country that still has its inequalities, but in peace, and where tourism is now flourishing, as is the affable, peaceful nature of the Salvadoran people. Sharp differences cleave the urban population in the main cities of San Salvador, Santa Ana and San Miguel, where there is heavy immigration and US economic aid, from the countryside and the smaller cities, where local farming provides the atmosphere.

Arriba, folclore en El Salvador. Abajo, Centro de Congresos, Ferias y Exposiciones de San Salvador.

Above, folk music in El Salvador. Below, Centro de Congresos, Ferias y Exposiciones in San Salvador.

SAN SALVADOR Y ALREDEDORES

San Salvador se extiende bajo el volcán homónimo. La vieja San Salvador se ubicaba algo más al norte, cerca de la ciudad colonial de Suchitoto, próxima a su vez a Cuscatlán, donde los pipiles tenían establecida su capital desde 1054. En 1525 Gonzalo de Alvarado fundó la ciudad en honor a Cristo, Divino Salvador del Mundo. A pesar de su protector, la ciudad no se salvó de terremotos como el devastador del año 1986. Entre 1824 y 1841 fue capital de la Federación Centroamericana. Desde 1950, y especialmente en las últimas décadas, la ciudad ha recibido grandes olas migratorias del campo (la ciudad pasó de cerca de 100.000 habitantes en 1940 a más de 1.500.000 –su área metropolitana– a inicios del 2000), así como una fuerte emigración hacia Estados Unidos, lo que ha marcado su fisonomía de manera determinante. Si una buena parte de esta población pobre se hacina en el descuidado centro histórico y barriadas periféricas de San Salvador, las grandes avenidas definitorias de la ciudad tienen una apariencia muy norteamericana, patente en sus grandes centros de consumo y espaciosos distritos residenciales.

IN AND AROUND SAN SALVADOR

San Salvador spreads out beneath the volcano whose name it shares. Old San Salvador used to lie a bit more to the north, near the colonial city of Suchitoto, which was in turn built near Cuscatlán, where the Pipils had their capital since 1054. In 1525 Gonzalo de Alvarado founded San Salvador in honor of Christ, Divine Savior (in Spanish, Salvador) of the World. Despite its patron savior, the city was not saved from earthquakes such as the devastating quake of 1986. From 1824 to 1841 San Salvador was the capital of the United Provinces of Central America. From 1950 on, and especially in recent decades, the city has received waves of immigration from the countryside and has been the source of heavy emigration towards the United States (the city swelled from 100,000 inhabitants in 1940 to over 1,500,000 in the metropolitan area in early 2000), which has molded the shape of San Salvador to a fair extent. While a good portion of this poorer population huddles in San Salvador's ramshackle historic district downtown and outlying shantytowns, the city's great avenues look thoroughly North American, with their big shopping centers and spacious residential districts.

Es fácil moverse por esta extensa jungla urbana que crece y crece, por *avenidas* como la *de Cuscatlán/España,* la principal, que lleva al sur y al aeropuerto; el *paseo General Escalón,* la *alameda Roosevelt* y *calle Rubén Dario* atraviesan el centro capitalino de este a oeste; finalmente el *boulevard de los Héroes* y la *avenida Sur 49* recorren de norte a sur la ciudad conectando con la famosa *Panamericana.* Aparte del reducido centro histórico, en torno a la catedral y la plaza Barrios, destacan la *alameda Juan Pablo II,* donde está el *Centro de Gobierno* y *alcaldía,* el *boulevard de los Héroes* y *Metrocentro,* lugar de restaurantes, y, sobre todo, modernas tiendas, así como la *zona Rosa,* cerca de la *avenida Masferrer,* lugar de cafés y restaurantes y de animado ambiente nocturno, próximo al cual se localizan el *Museo Nacional,* el *Mercado Nacional de Artesanías* y el *Centro de Congresos, Ferias y Exposiciones.*

San Salvador. Exposición de piezas arqueológicas en el Museo Nacional.

San Salvador. Archeological finds on exhibit in the Museo Nacional.

The extensive urban jungle is growing all the time, but it is easy to get where one is going on broad streets such as Avenida Cuscatlán/España, the main thoroughfare that leads south and to the airport, Paseo General Escalón, Alameda Roosevelt and Calle Rubén Darío, which cross downtown from east to west, and Boulevard de los Héroes and Avenida Sur 49, which transfix the city from north to south, hooking up to the famous Pan-American Highway. Apart from the small historic district downtown around the cathedral and Plaza Barrios, there are also other interesting streets to look at, such as Alameda Juan Pablo II, where the government buildings Centro de Gobierno and Alcaldía stand, the Boulevard de los Héroes and Metrocentro, where restaurants and mostly modern shops abound, and the Zona Rosa, near Avenida Masferrer, lined with cafes and eateries and buzzing with a lively nighttime atmosphere, and not at all far from the Museo Nacional (National Museum), the Mercado Nacional de Artesanías (National Arts and Crafts Market) and the Centro de Congresos, Ferias y Exposiciones (Conference, Trade Fair and Exhibit Hall).

Aspectos del mercado Central en San Salvador.

Stalls at the Mercado Central in San Salvador.

San Salvador. Réplica de Monseñor Romero,
al fondo, monumento al Salvador del Mundo.

*San Salvador. Statue of Monsignor Romero in
front of the Monument to the Savior of the World.*

Una de las plazas más bulliciosas del San Salvador moderno es la *de las Américas;* en ella, entre espigadas palmeras, se alza el *monumento al Salvador del Mundo,* un Cristo sobre el globo terráqueo que es el símbolo nacional que observaremos, por ejemplo, en las matrículas de los coches. Discreto ante el moderno *edificio de Telefónica,* a sus pies, una sencilla *réplica de Monseñor Romero.* Desde allí la interminable alameda Roosevelt –calle Rubén Darío– pasa junto al *parque Cuscatlán,* el ajardinado *parque Simón Bolívar* y la cercana *iglesia del Sagrado Corazón,* como muchas fabricada en madera para aguantar los habituales movimientos sísmicos. Continuamos por el bullicioso *mercado Central* y la enorme *iglesia del Calvario,* donde se dan cita el colorido y los productos agrícolas venidos de todo el país. El mercado central conecta con lo que es el centro histórico de San Salvador. Tres monumentales y vecinas plazas lo articulan: la plaza Barrios, la romántica plaza Morazán y el parque de la Libertad, junto a lo que resta de lo que fue la vieja *iglesia colonial del Rosario,* parapetada hoy por estatuas como la de Cristóbal Colón. Dentro de este raro edificio está enterrado el sacerdote José Matías Delgado, prócer de la independencia de Centroamérica. El amplio *parque de la Libertad* está en parte porticado, siendo parada de los taxis amarillos y coloristas autobuses que abarrotan la ciudad.

San Salvador. Parque de la Libertad, al fondo la Catedral.

San Salvador. Parque de la Libertad against the backdrop of the cathedral.

*En la doble página
siguiente: San Salvador,
fachada del Palacio
Nacional.*

Next double page:
San Salvador, in front of
the Palacio Nacional.

*Parada de taxis, por la
zona del parque de la
Libertad, en San Salvador.*

Taxi stand in the
Parque de la Libertad
area of San Salvador.

*San Salvador. Artesanía en el
mercado Excuartel.*

San Salvador. Crafts for sale at the
Mercado Excuartel.

One of the busiest squares in modern-day San
Salvador is the Plaza de las Américas. *There, among
tall, slender palm trees, stands the* Monument to the
Savior of the World, *Christ standing atop the Earth,
which is the national symbol emblazoned on
automobile license plates, among other places.
Discretely at the foot of the modern* Telefónica
building *rests a simple* effigy of Monsignor Romero.
From there the endless Alameda Roosevelt (Calle
Rubén Darío) *runs next to two parks,* Parque
Cuscatlán *and the landscaped* Parque Simón Bolívar,
plus the nearby Church of El Sagrado Corazón, *built
of wood, like many other churches, the better to
withstand the commonplace seismic movements. Our
path continues past the bustling* central market *and
the huge* Church of El Calvario, *where local color and
farm products from all over the country mingle. The
central market leads to what is actually the historical
core of San Salvador, which is made up of three
neighboring monumental squares. There is the* Plaza
Barrios, *the romantic* Plaza Morazán *and the* Parque
de la Libertad, *or Liberty Park, next to what remains
of the old colonial* Church of El Rosario, *guarded now
by statues like the* figure of Christopher Columbus.
*This rare building is the burial place of Father José
Matías Delgado, an eminent figure of Central
American independence. The spacious* Parque de la
Libertad *is partly fringed with an arcade where there
are stops for the yellow taxis and colorful buses that
throng the city's streets.*

San Salvador. Derecha, fachada de la catedral metropolitana. Arriba, talla en madera del Divino Salvador del Mundo que se encuentra en el interior de la catedral metropolitana.

San Salvador. Right, façade of the Catedral Metropolitana. Above, wooden carving of the Divine Savior of the World inside the cathedral.

Muy próximo está el *mercado del Excuartel,* uno de los más importantes de artesanía del país, donde se puede encontrar cualquier souvenir, coloridos cuadros, hamacas, tallas de madera…
La *catedral* metropolitana sustituye a construcciones anteriores: la primitiva, de 1808 y destruida por un terremoto en 1873, y una posterior realizada en madera que se quemó en 1951. Sorprende por su dimensión y amplitud (neorrománica y bizantina) y su enorme cúpula es un dibujo celestial. La moderna fachada principal recupera grandes azulejos de Fernando Llort con sencillos dibujos de los indios del norte del país (La Palma). En su interior, una talla en madera del Divino Salvador del Mundo y la tumba del arzobispo Romero, mártir y un símbolo para los habitantes más humildes.

· ·

Quite nearby is the Mercado del Excuartel, or Excuartel Market, one of the foremost arts and crafts markets in the country and the place to go to find that long looked-for souvenir, be it a colorful painting, a hammock or a wood carving. The Catedral Metropolitana is the modern replacement of the city's earlier cathedrals; the original built in 1808 was destroyed by an earthquake in 1873, and its successor built of wood burned down in 1951. The cathedral is surprisingly large and wide (neo-Romanesque and Byzantine), and its huge cupola bears a painting of Heaven. The front of the building is modern, set with great tiles by Fernando Llort with simple drawings by the Indians from La Palma in northern El Salvador. Inside stand a wooden carving of the Divine Savior of the World and the tomb of the martyr Archbishop Romero, a symbol for the country's humbler inhabitants.

Frente a la catedral, la animada *plaza de Gerardo Barrios,* presidida por una elegante estatua ecuestre de este ilustre personaje que fue varias veces presidente de El Salvador. Hoy limpiabotas y gentes venidas de todo el país dan vida a esta plaza plagada de cabinas de Telefónica. La espaciosa plaza es también balcón del emblemático *Palacio Nacional,* sobrio edificio neoclásico de 1905 preparado para aguantar cualquier movimiento sísmico. Su fachada principal se centra en un gran frontón soportado por seis columnas antecedidas por las estatuas de Isabel la Católica y Cristóbal Colón, que fueron donadas por el rey Alfonso XIII. Su enorme estructura la componen un patio central y más de 100 salones y habitaciones. En restauración, fue sede del Congreso, Corte Suprema y del poder ejecutivo. Sus archivos albergan documentos de la época de la colonia.

The lively Plaza de Gerardo Barrios *in front of the cathedral is presided over by an elegant equestrian statue of Gerardo Barrios himself, the illustrious man who was several times president of El Salvador. Today shoe shiners and people from all over the country animate the square, dodging the many telephone booths. The spacious square is also the forecourt of another symbol, the* Palacio Nacional, *or National Palace. The palace is a sober Neoclassic building raised in 1905, equipped to withstand any seismic movements. Its main façade has at its center a great pediment held up by six columns, with the statues of Isabella of Spain and Christopher Columbus, a gift from King Alfonso XIII, in front. The enormous structure features a courtyard at its center and over 100 halls and rooms. Currently under restoration, it was the seat of the Salvadoran Legislative Assembly, the Supreme Court of Justice and the executive branch of government. Its archives hold documents from the colonial era.*

The Plaza de Morazán, *which predates Central American independence, has an elegant statue of the great leader Morazán. Its gardens are landscaped in the Neoclassic style, accentuated by the* Teatro Nacional, *a large theater building reconstructed in 1910 after the original was razed by fire. The theater's interior is equally impressive, adorned with an interminable mural ceiling and Austro-Hungarian lighting fixtures.*

La *plaza de Morazán,* precursor de la independencia de Centroamérica, tiene una elegante estatua del prócer y está ajardinada con un carácter neoclásico que acentúa el *Teatro Nacional,* amplio edificio reconstruido en 1910 tras un incendio que lo devastó por completo; destacan sus interiores, con un interminable techo de murales y lámparas austrohúngaras.

San Salvador. Arriba, estatua ecuestre del ilustre Gerardo Barrios. Abajo, interior del Teatro Nacional.

San Salvador. Top, equestrian statue of Gerardo Barrios. Above, interior of the Teatro Nacional.

Otra zona de interés de la ciudad se encuentra al sur, en dirección a la panamericana, muy cerca de la confluencia de conocidas avenidas: *boulevard de los Próceres* (con su avenida de bustos de los viejos forjadores de la nación y la moderna Torre Cuscatlán) y *alameda Manuel Enrique Araujo*. En esta zona se encuentra la blanca *basílica de Nuestra Señora de Guadalupe* o *la Ceiba;* de carácter historicista y neocolonial, muestra pinturas y bonitos vitrales circulares. En este área residencial se alza el *Museo Nacional de Antropología David J. Guzmán:* el amplio edificio, con sus salas de historia y costumbres, es una excelente introducción para conocer los rasgos esenciales de la historia y cultura de El Salvador. No muy retirado, en esta zona de modernos hoteles se halla también el *Mercado Nacional de Artesanías* y el enorme lienzo o *monumento a la Revolución* que conmemora el alzamiento de 1948. En los extrarradios de la ciudad se localizan otros puntos de interés, tal como el *parque Saburo Hirao* o *Museo de Historia Natural*, el *Zoológico* y el *Jardín Botánico de la Laguna*, creado en un extinto cráter de volcán.

• • • • • • • • • • • • • • • • • •

Southwards is another interesting area of the city, heading towards the Pan-American Highway and very close to the intersection of well-known thoroughfares Boulevard de los Próceres *(with its avenue of busts of the nation's founding fathers and the modern Torre Cuscatlán) and* Alameda Manuel Enrique Araujo. *This area is home to the snowy* Basilica of Nuestra Señora de Guadalupe, *or La Ceiba, a historicist neo-colonial basilica with fine paintings and pretty circular stained-glass windows. The national anthropological museum, the* Museo Nacional de Antropología David J. Guzmán, *stands in the same residential area. It is a big building, and its halls of history and folkways provide an excellent introduction to the essential history and culture of El Salvador. Not too far away among the modern hotels there also stands the* Mercado Nacional de Artesanías *and the enormous* Monumento a la Revolución, *which commemorates the revolutionary uprising of 1948. In the outskirts of the city there are other points of interest, such as a park,* Parque Saburo Hirao, *the* Museo de Historia Natural *(Natural History Museum), the* city Zoo *and the* Jardín Botánico de la Laguna, *a botanical garden raised in an extinct volcano's crater.*

San Salvador. Arriba, vista de la plaza de Morazán, al fondo, la catedral y el Teatro Nacional. Abajo, basílica de Nuestra Señora de Guadalupe o la Ceiba.

San Salvador. Top, the Plaza de Morazán, with the cathedral and the Teatro Nacional in the background. Bottom, Basilica of Nuestra Señora de Guadalupe, fondly nicknamed "La Ceiba."

*Izquierda, panorámica del paraje natural
de la Puerta del Diablo. Arriba, típicas guaguas.
Abajo, escolares de Panchimalco.*

*Top left, nature runs riot at the
Puerta del Diablo. Above, typical guaguas.
Center and bottom left, schoolchildren
in Panchimalco.*

Existen distintos puntos de interés en el
departamento capitalino, como el **lago
Ilopango,** hacia **Cojutepeque** (famoso mercado
chacinero), donde se pueden practicar deportes
náuticos y la pesca. Rodeado de un
accidentado y verde paisaje volcánico, es el
lago natural más grande del país. Hacia el sur
no hay que perderse el **parque Balboa** y el
paraje natural de la **Puerta del Diablo,**
vertiginosa pared cortada donde asciende la
niebla y desde donde se observan increíbles
vistas. El paraje de Los Planes de Renderos, por
donde se accede, permite buenas vistas del área
metropolitana de El Salvador. Bajo la Puerta del
Diablo se distingue el pueblo de **Panchimalco,**
que conserva el encanto de una villa rural con
una de las mejores iglesias coloniales: la *de
Santa Cruz de Roma,* construida en 1725, con
sencillas y pueriles esculturas de santos en la
fachada. Hacia Occidente **Santa Tecla** o **Nueva
San Salvador** mezcla el bullicio de mercados y
el trasiego de guaguas con la tranquilidad de
sus *plazas* y *parques.* Es acceso para ascender
al **volcán de San Salvador.**

Ilopango. Lago y volcán.   *Ilopango. Lake and crater.*

*There are various points of interest in the department of San Salvador, such as **Ilopango Lake** out towards the famous pork-market town of **Cojutepeque**, where water sports and fishing are available. Ringed by green volcanic mountains, Ilopango is the country's largest natural lake. Southwards the must-see spots are **Parque Balboa** and the **Puerta del Diablo**, the Devil's Gate, a dizzying hump of rock where the mist rises and the view is incredible. Los Planes de Renderos on the way up has fine views of the metropolitan area of El Salvador. Under the Puerta del Diablo squats **Panchimalco**, a village that still has the old rural charm and one of the finest colonial churches there is, the* Church of Santa Cruz de Roma, *built in 1725, with simple, childish sculptures of saints on its façade. To the west **Santa Tecla** or **Nueva San Salvador** mixes the bustle of markets and the hustle of guaguas (buses) with the tranquility of its squares and* parks. *It is the gateway to the nearby **volcano, San Salvador.***

OCCIDENTE (SANTA ANA, LA LIBERTAD, AHUACHAPÁN Y SONSONATE)

Occidente incluye buena parte de los atractivos turísticos más explotados de El Salvador, entre ellos los yacimientos precolombinos.
Santa Ana, en el departamento de igual nombre, es la ciudad más tranquila y cuidada de El Salvador, y hasta el clima se dulcifica bajo su monumental catedral neogótica. Es la segunda, en importancia, del país, y se rodea de tierras fértiles donde se cultiva, entre otros productos, café. Conserva el sabor colonial en sus calles y edificios, cafés, pupuserías (establecimientos de venta de empanadas de maíz y queso) y restaurantes. El centro histórico lo compone un *parque* donde se asoman la *catedral* (1905), una de las imágenes más fotografiadas de El Salvador. Su blanca fachada neogótica precede a un edificio de 13 naves decoradas con monumentales columnas y esculturas del siglo XVI.

• • • • • • • • • • • • • • • • • •

OCCIDENTE (SANTA ANA, LA LIBERTAD, AHUACHAPÁN AND SONSONATE)

*Occidente is home to a good part of El Salvador's most active tourist attractions, including the country's pre-Columbian sites. The Department of **Santa Ana** is the quietest, tidiest city in El Salvador. Even the climate becomes milder under the gaze of Santa Ana's monumental neo-Gothic cathedral. This is the second most important city in the country, and it is surrounded by fertile farmland where products such as coffee are grown. Santa Ana still has the old colonial flavor in its streets and buildings, cafes, pupuserías (stands that sell corn and cheese turnovers) and restaurants. Historic downtown Santa Ana is comprised of a park over which looms the cathedral (1905), one of El Salvador's most frequently photographed sights. The cathedral's white neo-Gothic façade fronts for a building with 13 aisles decorated with monumental columns and sixteenth-century sculptures.*

Fachada principal de la catedral de Santa Ana.

Main façade of the Cathedral of Santa Ana.

Santa Ana. Izquierda, estatua a la Libertad.
Abajo, exterior e interior del Teatro Nacional.

Santa Ana. Left, statue of Liberty. Below and
bottom, the Teatro Nacional, inside and out.

Junto a ella, el *Teatro Nacional,* historia viva del pasado esplendor cultural de la ciudad. Construido en madera en 1902, sufrió un incendio en 1910. Su restaurado interior es toda una lección de coquetería y elegancia.

El monumental edificio almohadillado de la *alcaldía* (1873) está presidido por una pequeña *estatua a la Libertad* en la *plaza* del mismo nombre, hipotético centro de la cruz urbana que dibujan las iglesias y la catedral de la ciudad. De los extremos de esta imaginaria cruz urbana se conserva en pie el *templo del Calvario,* en un *parque* al que se llega por vistosas fachadas. El *mercado* y la *terminal de autobuses* (Guatemala queda a escasos kilómetros) son otros atractivos para tomar el pulso a la ciudad.

Vista del templo del Calvario, en Santa Ana.

The Temple of El Calvario in Santa Ana.

Next to it, the Teatro Nacional, *living history of the city's past cultural splendor. Built of wood in 1902, the Teatro Nacional was hit by fire in 1910. Its restored interior is a real lesson in charm and elegance. The monumental bossed building of the* Alcaldía *(1873) is presided over by a small* statue of Liberty *in the Plaza Libertad. If we were to connect the dots of Santa Ana's churches and cathedral, they would draw a cross right over the city's heart at this square. At one end of this imaginary cross there still stands the* Temple of El Calvario, *in a* park *with some eye-catching buildings on the way. The* market *and the* bus terminal *(Guatemala is just a few kilometers away) are other good places to get a feel for the city.*

*En estas páginas,
díferentes aspectos del
lago Coatepeque.*

*This and facing page:
Different view of
Coatepeque Lake.*

Al sur de Santa Ana se encuentra el **lago Coatepeque,** circular cráter volcánico inundado y parapetado de propiedades privadas en sus riberas. Treinta kilómetros cuadrados de agua con una profundidad no superior a los 125 m donde se miran los majestuosos **volcanes de Izalco** o el **Faro del Pacífico,** uno de los volcanes más jóvenes del mundo, y **Santa Ana** *(Ilamatepec),* el mayor volcán del país, con cuatro cráteres superpuestos sobre uno más antiguo y una verde laguna. Estos tres elementos naturales conforman el **Parque Nacional del Cerro Verde.**

*South of Santa Ana is **Coatepeque Lake,** an inundated circular volcanic crater trimmed with private property along its banks. Thirty square kilometers of water that plunge no deeper than 125 meters reflect the majestic **Izalco** or **"Lighthouse of the Pacific,"** one of the youngest volcanoes in the world, and **Santa Ana** (Ilamatepec), the largest volcano in the country, which has four craters lying on top of an older crater and a green lake. Together Coatepeque Lake and the two volcanoes form the **Parque Nacional del Cerro Verde** (Cerro Verde National Park).*

A pocos kilómetros al este de Santa Ana se encuentra **Chalchuapa,** cerca de las ruinas de Tazumal (centro de la vieja civilización pocomán), bonita localidad famosa por su artesanía, que imita figuras de la civilización prehispánica, así como por su remozada iglesia colonial, sin duda una de las más bellas y completas del país. La *iglesia de Santiago Apóstol* incorpora en la cúpula la figura ecuestre del apóstol. La antigüedad del templo original es patente, dado que las pinturas originales de sus retablos datan del año 1600.

• • • • • • • • • • • • • • • • • • • •

*A few kilometers east of Santa Ana is **Chalchuapa,** near the ruins of Tazumal, a center of the ancient Pocomán civilization. Chalchuapa is a pretty place famous for its arts and crafts, which imitate pre-Hispanic figures, and for its colonial church, recently renovated and surely one of the loveliest, most complete examples of its type in the country. The* Church of Santiago Apóstol *incorporates a horsed figure of its namesake, the Apostle Saint James, in its cupola. The original church's age is fairly obvious, since its original retable paintings date from the year 1600.*

Chalchuapa. Fachada de la iglesia de Santiago Apóstol y figura ecuestre del apóstol. En la página siguiente, artesanía de inspiración prehispánica.

Chalchuapa. Façade of the Church of Santiago Apóstol and equestrian figure of the apostle Saint James. Facing page, pre-Hispanic inspiration lies behind many arts and crafts.

Tazumal inicia el trayecto por el mayor de los restos arqueológicos de la cultura pre-colombina salvadoreña. Las excavaciones han descubierto por ahora uno de los cinco centros ceremoniales, que data de los años 500-1200 a. C., compuesto por una pirámide principal de unos 23 m de altura coronada por un templo, con diversas influencias (mayas, teotihuacanas y toltecas), restos de un palacio, un cementerio, así como una cancha para el juego de pelota o «tatchi». La visita al espectacular conjunto se completa con un sencillo museo.

Diferentes vistas del centro ceremonial de Tazumal.

Different views of the ceremonial center of Tazumal.

Tazumal *is number one on the list of the great archeological sites of Salvadoran pre-Columbian culture. Excavations so far have uncovered one of five ceremonial centers, which dates from the years 500-1,200 BC. The complex has a main pyramid about 23 meters tall crowned by a temple showing various sorts of influences including that of the Mayans, Teotihuacans and Toltecs; there are also the remains of a palace, a cemetery and a court for playing ball, or* tatchi. *Visitors to the spectacular complex can wind up their tour at the simple museum.*

Parque Arqueológico de San Andrés.

Parque Arqueológico de San Andrés.

El **Parque Arqueológico de San Andrés,** en el departamento de La Libertad, es otro de los importantes restos pre-colombinos. Ocupa 3,5 km² y la mayoría del yacimiento sigue escondido entre 60 supuestas colinas. Se descubrió una torre principal, con altar ceremonial, escalinata de 22 metros de altura y dos torres pequeñas. El yacimiento ha aportado restos de alfarería, metales, pedernales para moler… Tiene un pequeño *museo* con fotografías del yacimiento.

*The **Parque Arqueológico de San Andrés** (San Andrés Archeological Park) in the department of La Libertad is another of the major pre-Columbian ruins. It occupies 3.5 km², and most of the site is still hidden amidst sixty supposed hills. A main tower has been discovered, with its ceremonial altar, 22-meter-tall staircase and two minor towers. The site has provided potsherds, metals, millstones and similar objects. It has a small museum with photographs of the site.*

La **Joya de Cerén** está a sólo 5 km del yacimiento ceremonial de San Andrés, que a pesar de que no es un sitio arqueológico de espectacularidad visual, sí tiene importancia científica, como asentamiento maya casi intacto. No es un centro ceremonial o noble con pirámides y palacios, sino un importante núcleo (Patrimonio de la Humanidad) de modestas casas que nos permite conocer la vida cotidiana anterior a la colonización española. El poblado fue sepultado por las cenizas, hacia el año 600, de una violenta erupción del volcán Laguna Caldera, que dejó intacto el sistema de vida de los agricultores y artesanos que allí vivían hace más de 1.400 años. Destaca un edificio utilizado como baño-sauna para ceremonias medicinales y de purificación. Aparte de la visita a dos de las tres estructuras de estos asentamientos, es imprescindible conocer el didáctico *museo*. Próximo al sitio arqueológico se encuentra el pueblo de carácter colonial de **San Juan de Opico,** con su blanca y elegante *iglesia*.

Detalle de la Joya de Cerén. Sauna.

The sauna at la Joya de Cerén.

La **Joya de Cerén** *lies just 5 kilometers from the ceremonial site at San Andrés. Although it is not visually spectacular, the site is of scientific importance as a nearly intact Mayan settlement. La Joya del Cerén is no ceremonial center or noble residential area with pyramids and palaces, but an important cluster of modest homes (now a World Heritage Site) that show us what day-to-day life was like before Spanish colonization. The violent eruption of a volcano, Laguna Caldera, buried the village under ashes in about the year 600, leaving evidence quite intact of the way of life of the farmers and artisans who lived there over 1,400 years ago. There is a building that used to be used as a bathhouse and sauna for medicinal ceremonies and purification ceremonies. Two of the three structures can be visited, and there is a learning* museum *that visitors should not miss. Next to the archeological site is the colonial town of* **San Juan de Opico,** *with its elegant white* church.

Laguna Metapán.   *Lake Metapán.*

Metapán. Iglesia de San Pedro y monumento al santo.

Metapán. Church of San Pedro and monument to Saint Peter.

Al norte del departamento de Santa Ana encontramos algunos de los paisajes más bellos del interior del país. **Metapán** es una cuidada villa de carácter colonial situada sobre la *laguna* homónima. Destaca su *plaza* principal, donde a un lado se erige la bella *iglesia de San Pedro* (1740).

• • • • • • • • • • • • • • • • •

North of the department of Santa Ana we find some of the loveliest landscapes in inland El Salvador. **Metapán** *is a storybook colonial town on the shores of* Lake Metapán. *The sights there include the main town* square *with the lovely* Church of San Pedro *(1740) standing to one side.*

Entrada al Parque Nacional de Montecristo.

Entrance to the Parque Nacional de Montecristo.

Desde ella se accede al **Parque Nacional de Montecristo,** en los confines de los estados de Guatemala, Honduras y El Salvador –por eso también es conocido como Trifinio–. Destaca el paisaje de bosque nebuloso, con fuertes pendientes (altitudes superiores a los 2.400 m), por lo que la intensa humedad y las temperaturas –bajas para la latitud– condicionan la fauna y la flora: enormes pinos, cipreses, robles y helechos, así como bellas orquídeas guardan una variopinta fauna donde se esconden monos, mapaches, comadrejas, puercoespines, zorros, osos hormigueros, musarañas e incluso jaguares y pumas.
El plácido **lago de Güija,** rodeado de conos volcánicos y pastos, mira a Guatemala y es un enclave arqueológico importante donde se han encontrado piezas de cerámica y petroglifos. Se trata de un lugar muy apropiado para el senderismo y los paseos a caballo, en lancha o/y barca para acceder a alguna de sus pequeñas islas.

• • • • • • • • • • • • • • • • • •

Vista del lago de Güija y petroglifo encontrado en la zona.

On the shores of Güija Lake. Below, petroglyph found in this area.

From there one can reach the **Parque Nacional de Montecristo** (Montecristo National Park), which spans bits of three countries, Guatemala, Honduras and El Salvador, and hence is also known as El Trifinio, which means "three limits." The landscape is cloud forest, with steep slopes (altitudes of over 2,400 meters), so the intense humidity and the relatively low temperatures (for that latitude) influence the plant and animal life; enormous pines, cypresses, oaks, ferns and otherworldly orchids shelter a range of wildlife including monkeys, raccoons, weasels, porcupines, foxes, anteaters, shrews and even jaguars and pumas.
The placid **Güija Lake,** ringed by volcanic cones and meadows, peers at Guatemala and is a major archeological location where potsherds and petroglyphs have been found. It is a great place for hiking and horseback riding as well, and the lake's little islands are fun to explore by boat.

Aspecto de Barra de Santiago.

Cool shade in Barra de Santiago.

Diferentes aspectos de
Barra de Santiago.

Barra de Santiago.

Ahuachapán, en el departamento homónimo –limítrofe con Guatemala–, es una pequeña ciudad de carácter colonial con un ordenado urbanismo centrado en el *parque, torre del reloj* e *iglesia de la Asunción.* Cerca de la capital se encuentran los pueblos cafeteros y artesanales de **Apaneca** (con las *lagunas Verde* y *de las Ninfas*) y **Concepción de Ataco.** Más hacia el sur se halla otro parque nacional: **El Imposible,** reducto del bosque tropical que cubría antaño El Salvador; esta reliquia posee más de 400 especies arbóreas y numerosos animales en peligro de extinción.

Las costas de Ahuchapán son un paraíso para los amantes del sol y la playa. Largas playas de arena, cocoteros, manglares, pescadores y tortugas marinas componen el perfil físico y humano del estero o *Barra de Santiago.*

El litoral del departamento de Sonsonate tiene como puerto principal el desordenado núcleo de **Acajutla,** cuyo *puerto* es el principal del país. Cerca, bonitas playas como los **Cóbanos.**

Arriba, puerto de Acajutla.
Abajo, playa de los Cóbanos.

Top, port at Acajutla.
Below, Los Cóbanos.

Ahuachapán, *in the department of Ahuachapán on the Guatemalan border, is a little colonial city laid out in orderly fashion around the park, clock tower and Church of La Asunción. Nearby are the coffee-growing and crafts-making towns of* **Apaneca,** *where the Laguna Verde (Green Lake) and the Laguna de la Ninfas (Lake of the Nymphs) are, and* **Concepción Ataco.** *Farther south is another national park,* **El Imposible,** *Park of the Impossible, a holdover of the tropical forest that used to cover El Salvador in olden times. This relic of a bygone age is home to over 400 species of trees and numerous endangered animal species. The coasts of Ahuchapán are a paradise for fans of sun and sand. The Barra de Santiago has everything a postcard could want: long sandy beaches, coconut palms, mangrove swamps, fisher folk and sea turtles. The main harbor on the coast of the department of Sonsonate is at the untidy town of* **Acajutla,** *the country's main port. Nearby are pretty beaches like* **Los Cóbanos.**

Sonsonate es un activo núcleo bajo el volcán Izalco, envuelto en verdes paisajes donde los cafetales y saltos de agua son protagonistas. Su *iglesia* principal permanece en ruinas debido a los últimos terremotos. En sus alrededores hay encantadores pueblos artesanales como **San Antonio del Monte, Caluco, Juayúa, Salcoatitán, Izalco** o **Nahuizalco,** este último con importante colonia indígena, donde se trabaja la madera y el mimbre para realizar alfombras, cestas… Bien conocido es su mercado agrícola, que curiosamente se alarga hasta entrada la noche. Al departamento de La Libertad pertenecen los yacimientos descritos de la Joya de Cerén y San Andrés, y un litoral muy accidentado donde abundan calas, saltos de agua e improvisadas desembocaduras de torrentes. Es un lugar propicio para la práctica de deportes náuticos como el surf, sobre todo en las **playas del Conchalío, Punta Roca** y **El Zunzal.**

Labores agrícolas y cultivo de café en Sonsonate.

Farming and raising coffee in Sonsonate.

Nahuizalco.
Arriba, trabajos
de mimbre; abajo,
mercado agrícola.

Nahuizalco.
Top left and right,
basket weaving;
bottom, farmers'
market.

Sonsonate *is a lively city that sits enveloped in green under Izalco, where the coffee fields and waterfalls are king. The main church is still in ruins from the latest earthquakes. All around lie charming villages that make folk crafts, like* **San Antonio del Monte, Caluco, Juayúa, Salcoatitán, Izalco** *and* **Nahuizalco.** *Nahuizalco is home to a large indigenous population that does woodworking and wickerwork rugs and baskets. It also hosts a well-known farmer's market that, curiously enough, stays open until well into the night.*

The department of La Libertad is where the archeological sites of La Joya de Cerén and San Andrés are located. It is a very jagged stretch of coastline studded with coves, waterfalls and flooding streams that come and go. It is a great place for water sports like surfing, especially the **beaches at El Conchalío, Punta Roca** *and* **El Zunzal.**

Puerto de La Libertad. Mercado.

Port at La Libertad. Market.

El ajetreado **puerto de La Libertad** es el enclave más apropiado para observar la vida pesquera. Su bullicioso *mercado* ofrece diferentes especies incluso de tiburón. En su *muelle* es peculiar el «izado» de embarcaciones. Los restaurantes sirven los mejores pescados frescos del país, entre ellos enormes langostas.
Cercano está el **Parque Nacional Walter Deininger.**

*The busy **port of La Libertad** is the best place to get an eyeful of what the fishing life is all about. The bustling market has different species of fish for sale, even different types of shark. The izado, or "boat hoist," at the docks is very interesting. La Libertad's restaurants serve the best fresh fish in the whole country and enormous lobsters. Nearby is a national park, the **Parque Nacional Walter Deininger.***

Panorámica del embalse Cerrón Negro o Suchitlán.

The Cerrón Negro or Suchitlán Reservoir.

CENTRO (CUSCATLÁN, CHALATENANGO, CABAÑAS, LA PAZ Y SAN VICENTE)

El departamento de Cuscatlán, en el centro del país, tiene el nombre de la vieja capital prehispánica que se hallaba en las inmediaciones de Suchitoto, sin duda la modesta ciudad colonial por excelencia de esta pequeña república. El encontrarse a orillas del **embalse Cerrón Negro** o **Suchitlán,** donde se embalsa el padre río Lempa da, si cabe, mayor belleza a esta pequeña y acogedora ciudad colonial. **Suchitoto,** que en lengua indígena náhuatl significa «lugar de pájaros y flores», estuvo habitada por los indios pipiles hasta la llegada de los españoles en 1528. Sus estrechas y rectilíneas calles empedradas, sus casonas con balconadas forjadas, sus plazoletas semiporticadas y su *iglesia* clasicista *de Santa Lucía* (1853) son muestras de esta ciudad colonial salvadoreña. Aparte de visitar la *casa neocolonial del cineasta Alejandro Coto,* un auténtico museo, son recomendables la *Casa de los Mil Recuerdos* o *Museo Arqueológico,* la *hacienda La Bermuda,* donde se producía el preciado añil, la *posada de Suchitlán,* uno de los hotelitos más encantadores del país, o, en los alrededores, el **paraje de los Tercios,** cascada sobre una pared basáltica de unos 30 m de altura que nos recuerda el órgano de una iglesia. En el *barrio de la Concepción* se fabrican artesanalmente puros. Un embarcadero cercano a Suchitoto permite alquilar una lancha para visitar alguna de las numerosas islitas, observar los pájaros o escuchar leyendas y acontecimientos muy ligados con la pasada contienda bélica. Un transbordador nos lleva a **San Luis del Carmen** en Chalatenango.

Arriba, vista del embalse Cerrón Negro.
Abajo, limpiando pescado junto al lago.

Top, view of the Cerrón Negro Reservoir.
Bottom, cleaning fish on the lake's shore.

Suchitoto. Fachada de la iglesia de Santa Lucía.

Suchitoto. Façade of the Church of Santa Lucía.

CENTRO (CUSCATLÁN, CHALATENANGO, CABAÑAS, LA PAZ AND SAN VICENTE)

*The department of Cuscatlán in the center of the country bears the name of the old pre-Hispanic capital that used to lie in the environs of what is now Suchitoto, definitely the modest colonial city par excellence of this tiny republic. It stands on the shores of the **Cerrón Negro** or **Suchitlán Reservoir,** holding the dammed-up waters of El Salvador's main river, the Lempa, and its location does even more, if possible, to enhance the beauty of this cozy little colonial city.*
*Suchitoto, which in the indigenous Nahuatl tongue means place of birds and flowers, was inhabited by the Pipil Indians until the arrival of the Spanish in 1528. Its narrow, straight, cobbled streets, its big houses with rows of forged iron balconies, its little squares half lined with columns and its classicist Church of Santa Lucía (1853) make good snapshots of this Salvadoran colonial city. Visitors should check out the neo-colonial home of filmmaker Alejandro Coto, which is actually a museum, and not miss the archeological museum at the Casa de los Mil Recuerdos (House of a Thousand Memories), also known as the Museo Arqueológico; the Hacienda La Bermuda, a plantation where valuable indigo used to be produced; the Posada de Suchitlán, one of the most charming little hotels in the country; and nearby the **Paraje de los Tercios,** a cascade spilling over a 30-meter-high basalt wall that looks like a church organ. Workers in the La Concepción quarter make cigars by hand. At the dock near Suchitoto visitors can rent motorboats to visit some of the numerous little isles, go bird-watching and listen to legends and stories about the war. A shuttle runs to **San Luis del Carmen** in Chalatenango.*

Izquierda, aspecto de
Suchitoto. Abajo,
agricultor en San Luis
del Carmen.

Left, snapshot of
Suchitoto. Below,
farmer in San Luis del
Carmen.

El departamento de Chalatenango es uno de los más pobres y agrícolas del país, y fue uno de los reductos de la guerrilla del FMLN; los numerosos pueblos de oriente son una muestra de la vida rural más profunda y menos conocida por el turismo. **Chalatenango,** la capital, es una ciudad concurrida, con mercado al aire libre y calles que se adaptan a su caprichosa orografía. Posee una elegante *alcaldía* y una enorme *iglesia* principal, de origen colonial pero muy modificada tras los terremotos. Cerca se encuentra **Concepción de Quezaltepeque,** cuyas calles de sencillos soportales cobijan talleres donde se fabrican las conocidas hamacas salvadoreñas.

Al norte, otro núcleo artesanal es **La Palma,** un pueblo de montaña desde cuyas proximidades se puede subir al **Pital,** que con sus 2.750 m es el punto más alto del país y posee cumbres cubiertas de bosque nebuloso. El Hostal Miramundo es muy visitado por su clima fresco y sus excelentes vistas.

Los artesanos de La Palma pintan en sus numerosos talleres cuadros y diversas artesanías, siguiendo las líneas inocentes, pueriles y coloristas de la pintura de F. Llort. La *iglesia Dulce Nombre de María* es símbolo de los primeros contactos entre la guerrilla y el gobierno.

• • • • • • • • • • • • • • • • •

Arriba, de camino al Pital.
Abajo, típicas pinturas de La Palma.

Above, on the road to El Pital.
Below, typical paintings from La Palma.

The department of Chalatenango is one of the poorest departments of the country and one of the most heavily reliant on agriculture, plus one of the National Liberation Front's guerrilla redoubts; the numerous towns of the east show a real picture of deeply rural life of the sort most tourists never see. **Chalatenango,** *the capital, is a crowded city with a street market and streets that snake up and down the natural contours of the land. It has an elegant* Alcaldía *and a huge main* church, *originally colonial but greatly modified since due to earthquakes. Close by is* **Concepción de Quezaltepeque,** *whose streets of simple colonnades shade workshops where the famous Salvadoran hammocks are made.* *Another artisan's center to the north is* **La Palma,** *a mountain town from whose vicinity one can climb* **El Pital,** *which, at 2,750 meters tall, is the highest point in the country. Its summits are covered with cloud forest. The Hostal Miramundo is a favorite place to get lodgings because of the cool climate and excellent views. The artisans of La Palma make paintings and a range of crafts in their numerous workshops following the innocent, childlike, colorist style of Fernando Llort. The* Church of the Dulce Nombre de María *is now a symbol of the first contact between the guerrilla forces and the government.*

Cerca de la frontera con Honduras, a un lado del joven río Lempa, está **Citalá,** vieja ciudad fortificada que cuenta con una interesante iglesia colonial: la *iglesia del Pilar,* construida a finales del siglo XVII, cuya blanca fachada conserva los agujeros de bala de la reciente contienda, mientras que su interior es una bella muestra de imágenes y decoración coloniales.

El departamento de La Paz, cuya capital es Zacatecoluca, tiene al sur de su territorio el aeropuerto internacional y, cerca, una de las más desarrolladas zonas turísticas, lo que se conoce como **Costa del Sol** o **Estero de Jaltepeque,** un rosario de modernos hoteles y lujosas mansiones entre amplios arenales y palmerales. Por sus extensos manglares es zona de nidificación de aves marinas. Destacar, aparte de la playa que da nombre a la zona, la **de San Marcelino, los Blancos** y el poblado de pescadores de **San Luis de la Herradura.**

• • • • • • • • • • • • • • • • • •

*Near the border with Honduras, to one side of the young Lempa River, is **Citalá,** an old fortified city that has an interesting colonial church, the Church of El Pilar, built in the late seventeenth century. Its white façade bears the bullet holes of the recent fighting, while inside it holds a lovely collection of images and colonial decorations.*

*The department of La Paz, whose capital is Zacatecoluca, has the international airport at its southern end and nearby one of the most heavily developed tourist areas, known as the **Costa del Sol** or **Estero de Jaltepeque,** a string of modern hotels and luxurious mansions set among wide expanses of sand and palm trees. The broad mangrove swamps there are a nesting place for seabirds. Visitors should make sure to visit the Costa del Sol beach, the beach at **San Marcelino, Los Blancos** and the fishing community of **San Luis de la Herradura.***

Panorámica de la desembocadura del río Lempa.

The mouth of the Lempa River.

Típica cerámica de Ilosbasco.

Typical pottery made in Ilosbasco.

Los departamentos de Cabañas y San Vicente tienen como límite natural el caudaloso **río Lempa,** que desemboca en los límites entre San Vicente y Usulután formando un caprichoso juego de esteros, islitas y lagunas. A ambos lados de su desembocadura se encuentran las barras de arena y bahías más famosas del país: la de Jaltepeque y la de Jiquilisco. La capital es **Sensuntepeque,** una pequeña ciudad perdida al norte del país. Su núcleo tiene una estructura centrada en la *iglesia de Santa Bárbara,* sencilla construcción de origen colonial. Pero lo que más resalta es el ambiente agrícola de su importante mercado. **Ilosbasco,** más al sur, es el núcleo más atractivo, sobre todo por su artesanía, pues se trabaja la cerámica pintada de vivos colores: animales, jarrones, santos, miniaturas o *sorpresas...* Las calles empedradas de Ilobasco conservan un sabor colonial rural patente incluso en el amplio *parque* al que asoma la vistosa *iglesia* de 1888. **San Sebastián,** en el departamento de San Vicente, es el centro textil, con algunos talleres donde se tiñe y teje el algodón para la producción de hamacas, cortinas, cubrecamas... Cerca de San Sebastián se encuentra la laguna cratérica de Apastepeque.

*The departments of Cabañas and San Vicente are naturally bordered by the great **Lempa River,** which runs to the limit between San Vicente and Usulután forming an enchanting tangle of esteros, islets and lagoons. On the two sides of its mouth are the country's most famous sandbars and bays, the estero of Jaltepeque and the Bay of Jiquilisco. The capital is **Sensuntepeque,** a little city lost in northern El Salvador. It has an old colonial-style core, with the Church of Santa Bárbara, a simple building of colonial origin, at the center. But the really interesting thing about Sensuntepeque is the down-home feeling of its important farmer's market. **Ilosbasco,** more to the south, is the more attractive town, especially because of its arts and crafts. There skilled fingers paint attractive colors on ceramic animals, vases, saints, miniatures and sorpresas (surprises). The stone-paved streets of Ilobasco still have that rural colonial flavor, which can be felt even in the big park that the striking church (built in 1888) overlooks. **San Sebastián,** in the department of San Vicente, is the textile producer. In some of its workshops cotton is dyed and woven to make hammocks, curtains, bedspreads and other articles. Near San Sebastián is the crater lake of Apastepeque.*

Finalmente **San Vicente** es un importante núcleo rodeado de volcanes y cañaverales que se caracteriza por su genuina *torre del reloj* y por sus iglesias, destruidas por los terremotos. Totalmente colonial es lo que resta de la *iglesia del Pilar,* de 1762, con su portada de semicolumnas vaciadas. Cerca de San Vicente se encuentra la laguna de carácter volcánico **de Apastepeque.**

• • • • • • • • • • • • • • • • • •

*Lastly, there is **San Vicente,** an important city surrounded by volcanoes and cane plantations whose main features are its original clock tower and its churches, now sadly demolished by earthquakes. What remains of the Church of El Pilar, built in 1762, is completely colonial and has molded half-columns adorning its front. Near San Vicente is a volcanic lake, the **Laguna de Apastepeque.***

San Sebastián. Izquierda, taller textil; abajo, después de teñir el algódon se pone a secar.

San Sebastián. Left, weaver's shop; below, freshly dyed cotton is hung out to dry.

San Vicente. Torre del reloj.   *San Vicente. The clock tower.*

*En la doble página siguiente:
arriba, volcán cerca de
Usulután y cañaverales; abajo,
complejo de Puerto Barrillas.*

*Next double page:
Top, volcano near Usulután
and cane fields; bottom, the
Puerto Barrillas complex.*

Centro de Usulután.

Downtown Usulután.

Oriente (Usulután, San Miguel, Morazán y la Unión)

El departamento de Usulután centra su vida en la capital, **Usulután,** una activa ciudad cuyas calles llenas de carteles se convierten en un hervidero de comercios y de gente. El apacible y espacioso *parque Central* lo presiden los enormes edificios de la *alcaldía* e *iglesia.*
Al norte, tierras de volcanes y cafetales con bellos pueblos como **Santiago de María** y **Berlín,** cuidado núcleo de montaña conocido por su misteriosa laguna de aguas esmerald. Pero sin duda lo más atractivo del departamento es la inacabable **bahía de Jiquilisco,** con sus numerosas islas, esteros de arena y palmeras, así como manglares. Sus numerosas playas, pequeños complejos turísticos privados (como el lujoso **Puerto Barrillas)** y pueblos de pesca artesanal convierten a este rincón de El Salvador en el principal punto de atracción.

• •

Oriente (Usulután, San Miguel, Morazán and La Unión)

*Life in the department of Usulután revolves around the department capital, **Usulután,** an active city whose poster-covered streets are alive with shops and people. Over the soothing, spacious* central park *tower the enormous buildings of the* Alcaldía *and the* church.
*To the north, lands of volcanoes and coffee plantations with pretty towns like **Santiago de María** and **Berlín,** a tidy mountain enclave known for its mysterious lake of emerald waters. But by all means the department's biggest draw is the endless **Bay of Jiquilisco,** with its numerous islands, sandy esteros, palm trees and mangrove swamps. Its numerous beaches, small private tourist complexes (like the luxurious **Puerto Barrillas)** and towns where people fish by pole make this corner of El Salvador the main attraction.*

El **puerto del Triunfo** puede ser un lugar idóneo para alquilar una lancha o un bote para pescar y disfrutar de la fauna marina que vive en este entramado de canales naturales. Así como observar los barcos camaroneros, pues el marisco es la especialidad de estas aguas. Hacia oriente, la **playa del Espino** es uno de los más bellos palmerales del país.

Vista aérea de la bahía de Jiquilisco.

The Bay of Jiquilisco, seen from the air.

The **Puerto del Triunfo** is a perfect place for renting a boat to go fishing and enjoy the sea life in this maze of natural canals. Or to watch the shrimping boats; shellfishing is a specialty in these waters. The beach to the east, **Playa del Espino,** has one of the most gorgeous palm groves in the country.

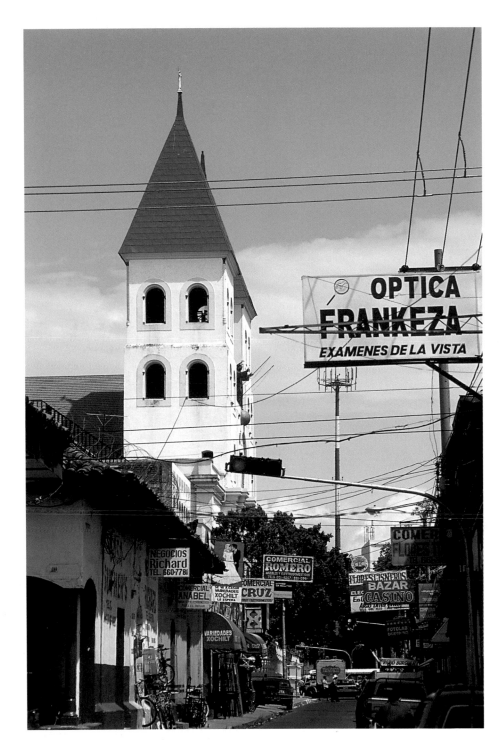

Típica calle del centro de San Miguel.

Typical street in downtown San Miguel.

La bulliciosa e inquieta **San Miguel** es la tercera ciudad de El Salvador y capital del departamento de igual nombre. La ciudad se asienta bajo el majestuoso volcán homónimo y despliega todo un conjunto de calles muy transitadas. Desde lejos se observa la enorme *catedral* y el majestuoso *palacio de la alcaldía,* junto a un exuberante *parque.* A un lado, el elegante antiguo *Teatro Nacional,* con los característicos tonos ocres. Viejas y pequeñas iglesias de marcada evocación colonial jalonan el centro urbano, de empedradas calles porticadas, destacando la *capilla Medalla Religiosa,* con bonitas verjas y vitrales. El resto de San Miguel es un enorme mercado donde se encuentra casi de todo.

Izquierda, teatro de San Miguel. Abajo, en primer plano, ganado pastando y al fondo, volcán de San Miguel.

Left, Teatro Nacional in San Miguel. Below, livestock graze in the foreground with San Miguel rising behind them.

Bustling, restless **San Miguel** is the third largest city in El Salvador and capital of the department of San Miguel. The city rests below a majestic volcano, also named San Miguel, and there the busy streets spread. From a distance one can see the enormous cathedral and the majestic Town Hall next to an exuberant park. To one side, the elegant old Teatro Nacional is painted in characteristic ochre tones. Tiny old colonial churches that ooze colonial charm dot the cobbled, column-lined streets of downtown San Miguel. One of the best is the Medalla Religiosa Chapel, which has pretty grillwork and stained-glass windows. The rest of San Miguel is one huge marketplace where one can find nearly anything.

*Diferentes aspectos de la
laguna del Jocotal.*

*Different views of the
Laguna del Jocotal.*

Hacia el sur, el imponente **volcán San Miguel,** o
Chaparrisque siluetea con su amenazadora
sombra lagunas de interés faunístico como la
laguna del Jocotal o la **de Olomega.** San Miguel
tiene un breve litoral, aunque rodeado de cerros;
la **playa El Cuco** es una de las más populares de
El Salvador.

• • • • • • • • • • • • • • • • • •

*To the south the imposing bulk of **San Miguel
volcano,** also known as **Chaparrisque,** throws
its threatening shadow over lakes that harbor
interesting wildlife, like the **Laguna del Jocotal**
and the **Laguna de Olomega.** San Miguel has a
short chunk of coastline but is surrounded by
hills; **Playa el Cuco** is one of El Salvador's most
popular beaches.*

Arriba, fachada de la iglesia de Cacaopera.
Izquierda, aspecto cerca de San Francisco Gotera.

Above, façade of the Church of Cacaopera.
Left, shot taken near San Francisco Gotera.

El departamento de Morazán es quizá el más aislado y desconocido, y fue feudo de la guerrilla en la última confrontación bélica. **San Francisco Gotera** es la capital. Plaza fuerte de la guerrilla, sus calles fueron un trágico escenario que hoy retoma su normalidad con mercados y escenas cotidianas del mundo rural. Desde el *parque Concordia* se divisan parte del núcleo urbano, los campos de maguey con los que se fabrican las hamacas y la *iglesia* colonial, de 1888. **Cacaopera** es una villa perdida de sabor rural. Tiene 2 *museos* etnográficos y una bella *iglesia* colonial. Más perdido es el pueblecito de **Corinto,** donde existen cuevas con pinturas rupestres que superan los 10.000 años de antigüedad.

The department of Morazán is perhaps the most isolated, most unknown department of El Salvador, and it was a guerrilla fiefdom in the last armed conflict. **San Francisco Gotera** is its capital. Stronghold of the guerrillas, San Francisco Gotera once saw tragedies staged in its streets, but today those streets have returned to normality with markets and scenes from daily life in the rural world. From the Parque Concordia (Concord Park) one can see part of the city, the fields where maguey is grown to weave hammocks with, and the colonial church, built in 1888. **Cacaopera** is a lost hamlet full to overflowing with country flavor. It has two ethnographic museums and a lovely colonial church. Even more lost is the tiny town of **Corinto,** where there are caves containing paintings over 10,000 years old.

Derecha, interior del museo de Cacaopera.
Abajo, aspecto de las cabañas de Perquín Lenca.

Right, inside the museum in Cacaopera.
Below, cabins at Perquín Lenca.

*En la página siguiente:
arriba, vista del río Sapo;
abajo, embarcando
para las islas del
Golfo de Fonseca.*

*Facing page: Top, the
Sapo River; bottom,
climbing on board for a
trip to the islands in the
Gulf of Fonseca.*

*Perquín. Museo de
la Guerra.*

*Perquín. Museo de la
Guerra.*

Perquín, perdida entre altos pinares, fue la auténtica capital y refugio de la guerrilla. Su *iglesia* posee una extraña cúpula que nos recuerda a las de origen musulmán; a ella se accede por empedradas y empinadas callejas. Curioso es su *Museo de la Guerra* o mejor dicho de la Paz, que es el momento que afortunadamente vive este país. Es un curioso espacio con salas donde se muestran detalles de la última contienda, se exhiben armas, emisoras de guerra clandestinas e incluso el enorme boquete en la tierra que hizo una bomba del ejército salvadoreño del violento batallón Ronald Reagan.

Perquín Lenca es uno de los apartahoteles más deliciosos del país, donde nos informarán de las mejores excursiones y actividades deportivas de aventura que es posible realizar por la zona, como es el caso del caudaloso río Sapo.

Finalmente el departamento de La Unión, el más oriental, ofrece grandes playas y un complejo de islas en el Golfo de Fonseca. Sus desconocidos pueblos del interior conservan un intacto sabor rural: **Santa Rosa de Lima** y su afamado restaurante de la Pema, **Polorós** o **Concepción de Oriente.** Si el **puerto de la Unión,** la capital, no presenta gran interés –a no ser que queramos embarcarnos para hacer una romántica travesía hacia las islas habitadas de **Zacatillo, Conchagüita** o **Meanguera**–, la cercana Conchagua sí posee un encantador sabor colonial, como lo demuestra su *iglesia,* construida en 1693, que muestra excelentes vistas hacia el Golfo de Fonseca y sus islas. El departamento de la Unión también tiene una porción del litoral más bello de El Salvador; así lo demuestran las amplias **playas de Las Tunas,** y sobre todo, **El Tamarindo,** playa de sosegadas aguas desde la que se observan las islas del golfo y las costas donde convergen también Honduras y Nicaragua.

Playa El Tamarindo en el Golfo de Fonseca.

Beaching it at El Tamarindo in the Gulf of Fonseca.

Perquín, lost among the high pine forests, was the real capital and refuge of the guerrilla groups. Its church has a strange cupola reminiscent of a Muslim dome; steep cobbled streets lead the way there. It also has a curious Museo de la Guerra, Museum of War, or rather of Peace, which is fortunately what the country has right now. The halls of this odd museum display details of the last struggle, weapons, clandestine war broadcasting equipment and even the huge hole in the ground that a bomb from the Salvadoran army made of the violent Ronald Reagan Battalion. The Perquín Lenca is one of the country's most delicious aparthotels, and its staff are always pleased to provide information about the best tours and adventure sports available in the area, like riding down the rushing Sapo River.

*Lastly, the department of La Unión, far to the east, has wide beaches and a sprinkling of islands in the Gulf of Fonseca. Its undiscovered inland towns are still rural to the core **Santa Rosa de Lima** and its famous Restaurante de la Pema, **Polorós** and **Concepción de Oriente.** While **El Puerto de la Unión,** the capital, is not terribly interesting (except to make a romantic shipboard crossing to the inhabited islands of **Zacatillo, Conchagüita** and **Meanguera),** nearby Conchagua does have a charming colonial feel embodied in its church, built in 1693, which has a fantastic view over the Gulf of Fonseca and its islands. The department of La Unión also has a swatch of the most beautiful coastline in El Salvador, the broad **beaches of Las Tunas** and especially **El Tamarindo,** a beach of rippling waters that gives a view of the islands of the gulf and the converging coasts of Honduras and Nicaragua.*